EL MINISTERIO DE LOS LECTORES

James A. Wallace, C.SS.R.

traducido por Colette Joly Dees

A Liturgical Press Book

THE LITURGICAL PRESS
Collegeville, Minnesota

El diseño de la cubierta por Ann Blattner. La foto por John Zierten.

© 1994 por The Order of St. Benedict, Inc., Collegeville, Minnesota. Todos los derechos reservados. Impreso en los Estados Unidos. ISBN 0-8146-2041-8

*A
Andy, Colette y Joe—
la otra trinidad
de mi vida*

Contenido

Prefacio 7

PRIMERA PARTE: EL VERBO SE HACE CARNE
Teología y Teoría

Adelantos Recientes 11
El Antiguo Testamento 12
El Nuevo Testamento 14
El Mundo de Hoy 15
La Disciplina de la Interpretación Oral 16
Resumen 19

SEGUNDA PARTE: EL VERBO SE HACE CARNE EN NOSOTROS
Un Enfoque Práctico

Primer Paso: Lee el/los Texto(s) 22
Segundo Paso: Entiende el/los Texto(s) 23
   a) Pronunciación 23
   b) Significado 24
   c) Forma 26
Tercer Paso: Practica el/los Texto(s) 31
   a) Nerviosismo 32
   b) Cualidad de voz 34
   c) Volumen 34

d) Dicción	35
e) Registro de voz	36
f) Paso	37
g) Pausas	38
h) Ritmo	39
i) Entonación	40
j) Contacto visual	41
k) Varias Otras Cosas	42
Una Ultima Palabra	44
Notas	45
Bibliografía Escogida	47

Prefacio

El lector se acercó al atril con reverencia. Era la fiesta de la Epifanía y la iglesia estaba casi llena. El era un hombre bien parecido, con donaire y vestido con gusto. Cuando empezó a leer, me acomodé en la silla del celebrante para oír las palabras del profeta Isaías. Todo se desenvolvía como de costumbre cuando la tragedia ocurrió. Con voz clara y agradable, el lector proclamaba:

> Te inundará una multitud de camellos,
> llegarán los de Madián y Efá;

Y luego:

> Los de Sabá vendrán todos
> trayendo oro y *frankenstein*,
> y proclamando las alabanzas de Yavé.

Unas risitas ahogadas, muchas sonrisas, algunos codazos suaves. "¿Frankenstein? ¿Dijo 'Frankenstein'?" El pobre hombre empezó a ponerse rojo. Eso era la pesadilla de todos los lectores.

Además de proporcionarme un principio para este librito, este incidente señala también el hecho de que Dios llama a gente falible para servirlo. Uno se puede equivocar, aun durante la celebración de la Eucaristía. Hace veinte años tales equivocaciones no se habrían notado tan fácilmente; hoy día sí.

Desde el Concilio Vaticano II, se está poniendo un nuevo énfasis en las destrezas comunicativas en el culto. En cierto sentido, todo era más fácil cuando usábamos el latín y el sacerdote decía la misa de espaldas a la gente. Los misteriosos y hermosos sonidos del latín se volvían suavemente hacia él, por encima de los hombros. Esto creaba un ámbito de misterio mezclado con temor reverente. Las palabras mal pronunciadas y las sílabas suprimidas no importaban. Los sonidos hipnóticos de ese idioma antiguo producían su propia aura. Hoy hay un nuevo desafío. Desde el principio hasta el final de la liturgia, oímos hablar nuestro propio idioma. Cabe la pregunta, ¿cómo lo oímos?

Durante los últimos diez años he enseñado homilética y cursos de comunicación oral en varios seminarios y he participado en muchos talleres, conferencias, y programas especiales de capacitación. He tenido la oportunidad de celebrar la liturgia en muchas comunidades distintas. Eso me ha dado el mayor respeto hacia todos los que sirven a Dios y a su pueblo al participar en las varias funciones en la liturgia. Este librito se dirige fundamentalmente a los que sirven como lectores, a los que proclaman la Palabra de Dios los domingos, los días festivos y, tal vez, aun durante la semana. Por medio de Ustedes, Dios sigue alimentando a su pueblo en la mesa de la Palabra. Espero que este trabajo mío sea también provechoso para los comentadores. Sus responsabilidades pueden incluir lo siguiente: introducir la celebración, dar explicaciones e instrucciones a la gente, y acaso leer las peticiones de la oración de los fieles y los anuncios de la parroquia en el momento oportuno. En la mayoría de los casos, una misma persona puede servir como lector/a y comentador/a.

Puesto que la palabra más importante que hablamos es la Palabra de Dios, la primera parte de este librito va a centrarse en esta realidad. Vamos a considerar los consejos de la Iglesia a los lectores, la naturaleza de la Palabra de Dios, las formas que ésta toma, y cómo la disciplina de interpretación oral nos puede brindar intuiciones y actitudes valiosas para nuestra manera de abordar la proclamación de esta Palabra. Así pues, la primera parte se ocupa de teología y de teoría. Tenemos que comprender lo que estamos llamados a servir. De esta comprensión saldrá la motivación de prepararnos bien.

La segunda parte de este trabajo trata de la preparación de los lectores y de las características para leer bien en público. Esas mismas características valen también para ser buenos comentadores. Esta segunda parte es la sección práctica. Es posible que tiendas a empezar por esta parte. Te ruego que no lo hagas puesto que la segunda parte presupone la primera parte.

Hace poco, la historiadora Barbara Tuchman escribió un ensayo llamado "The Decline of Quality". La autora definió la *calidad* como "la inversión de los mejores talentos y esfuerzos posibles para producir los más excelentes y los más admirables resultados posibles".[1] Ella prosiguió preguntando si la calidad era un elemento que iba desapareciendo en nuestros días. Espero que no. Uno de los ideales de cualquier lector/a o comentador/a debería ser ejercer su trabajo de servicio "con los mejores talentos y esfuerzos posibles para producir los más excelentes y los más admirables resultados posibles".[2] El servicio de Dios y de su pueblo no merece nada menos que eso.

Me gustaría expresar mi agradecimiento a todos los que leyeron el manuscrito y me ofrecieron críticas útiles en las varias etapas de preparación. Ellos incluyen mis hermanos Redentoristas John F. Craghan, J. Francis Jones, William J. Parker, Dennis J. Billy, Douglas J. Schlieder y Kevin J. O'Neil; mis amigos Bob y Dorothy Winrow, Ed y Carole Reyman; y mi maestro, Clifford Jackson.

PRIMERA PARTE

El Verbo Se Hace Carne

Teología y Teoría

Adelantos Recientes

Los principios que rigen la reforma de la liturgia católica romana fueron establecidos hace casi treinta años en la Constitución sobre la Sagrada Liturgia, promulgada el 4 de diciembre de 1963, al final de la primera sesión del Concilio Vaticano II. En el documento, los Padres Conciliares señalaban que "las dos partes de que, de algún modo, consta la misa, a saber, la liturgia de la palabra y la liturgia eucarística, están tan íntimamente unidas entre sí que ellas constituyen un solo acto de culto".[3] En la primera parte de la misa, Dios habla a su pueblo por medio de las Escrituras y en la homilía. En la liturgia eucarística, el pueblo de Dios le responde expresando su agradecimiento y alabanzas. El pueblo de Dios debe ser instruido por la Palabra de Dios y debe ser alimentado en la mesa del Cuerpo del Señor".[4] A partir de este documento, se puede ver la importancia de la liturgia de la Palabra. No se trata solamente de un preludio para la liturgia eucarística como muchos se inclinan a pensar. La misa es un acto único en el cual somos alimentados por la Palabra vivificante de Dios y por su Cuerpo vivificante.

En 1972, el Papa Pablo VI le devolvió al papel de lector/a su estado oficial de ministerio. Ya no era necesario que uno estuviera estudiando en preparación para el sacerdocio para ser formalmente nombrado lector. Es posible que muchas parroquias no tengan esta presentación formal para sus lectores. Sin embargo, todavía merece la pena que todos los que se presentan para leer las lecturas de la liturgia del domingo y de cada día, profundicen las palabras del Santo Padre: "Que los lectores se den cuenta del oficio que han emprendido, que hagan todo lo posible y usen los medios idóneos para obtener un amor cada vez más entrañable y vivo y el conocimiento de las Sagradas Escrituras que los transformarán en discípulos más perfectos del Señor".[5]

Estas palabras del Papa Pablo VI describen la relación entre el/la lector/a y las lecturas como una relación muy íntima y personal. Son palabras que podríamos emplear para describir la relación entre amigos íntimos, entre esposos o entre padres e hijos: "un amor entrañable y vivo, y conocimiento". Pero, ¿cómo se puede entrar en tal relación con las palabras que se encuentran en una página? ¿Se tratará sólo de palabras bonitas?

En primer lugar, vamos a considerar la Palabra de Dios. ¿En qué consiste esta realidad, esta Palabra viva y dinámica que se encuentra en las lecturas litúrgicas? Si vamos a entrar en alguna forma de relación con esta Palabra, tenemos que comprender algo acerca de ella. Y a fin de comprenderla, tenemos que fijarnos en lo que la Palabra nos dice sobre sí misma. Para lograr esto, nos acercamos a ambos Testamentos, el Antiguo y el Nuevo.

El Antiguo Testamento

La Palabra de Dios *es creadora*. En el Génesis, el primer libro de la Biblia, leemos en el relato de la creación: "Y Dios dijo, 'Haya . . .', y hubo . . ." La Palabra de Dios crea lo que se propone, que se trate de luz o plantas o animales o de la salvación de su pueblo. Dios habla—¡y así sucede! Es más, la creación de Dios no fue una creación de una vez por todas. Dios siguió creando como lo leemos en las palabras del profeta desconocido del Exilio, al que llamamos segundo Isaías:

> Y ahora, así te habla Yavé,
>   que te ha creado, Jacob,
>   o que te ha formado, Israel.
> No temas, porque yo te he rescatado;
>   te he llamado por tu nombre: tú me
>   perteneces (Is 43:1).

Dios habla, los llama por su nombre, y una multitud de desterrados desesperados vuelven a llegar a ser pueblo de Dios.

La Palabra de Dios es *eficaz*. Logra lo que se propone. La Palabra tiene un poder y un dinamismo que no se podrán desviar. Otra vez, oímos lo que se dice en el libro del profeta Isaías:

> Como baja la lluvia
>   y la nieve de los cielos
>   y no vuelven allá
>   sin haber empapado y fecundado la tierra
>   y haberla hecho germinar,
> dando la simiente para sembrar
>   y el pan para comer,
>   así será la palabra
>   que salga de mi boca.
> No volverá a mí
>   sin haber hecho lo que yo quería,
>   y haber llevado a cabo su misión (Is 55:10-11).

Por fin, la Palabra de Dios *permanece*. Mientras todo lo demás tiene su tiempo y luego se vuelve polvo, no es así en cuanto a la Palabra de Dios. Escuchemos otra vez al profeta del Exilio:

> Una voz dice: "Grita".
> Y yo respondo: "¿Qué he de gritar?"
> La voz dice: "Toda carne es hierba,
> y toda su delicadeza como flor del campo.
> La hierba se seca y la flor se marchita,
> cuando sobre ella sopla Yavé".
> La hierba se seca y la flor se marchita,
> mas la palabra de nuestro Dios
> permanece para siempre (Is 40:6-8).

El Antiguo Testamento contiene muchas otras reflexiones acerca de la Palabra de Dios. No las podemos mencionar todas. Sin embargo, esos pocos ejemplos demuestran que el Antiguo Testamento es elocuente al hablar de la realidad creadora, eficaz, dinámica y eterna que solemos llamar la Palabra de Dios. Esa Palabra sigue viviendo, respirando y sigue abriéndose camino en la historia humana.

El Nuevo Testamento

En el Nuevo Testamento, el Verbo se hizo carne. En la plenitud del tiempo, Dios nos habló por medio de la más hermosa y de la más emocionante de todas sus palabras: Jesús. Además, ese Jesús caminó en medio de nosotros hablándonos a través de imágenes de árboles que crecen y de ovejas perdidas, de historias de reyes que daban fiestas, de hijos que se marchaban para tratar de arreglárselas por su cuenta y de ancianitas que fastidiaban a unos jueces. Y a pesar de que Jesús fue silenciado de la manera más horrenda, su silencio duró sólo un rato. El Padre lo levantó de entre los muertos en el poder del Espíritu. Y este mismo Jesús sigue en vida y nos habla hoy mismo. "Él está presente en su palabra puesto que es El quien nos habla cuando se leen las Sagradas Escrituras en la Iglesia".[6]

El Mundo de Hoy

Poco después de reunirse para el culto, se llama a la comunidad para que escuche a Dios que le habla mediante las Escrituras. Se puede hablar de los rostros de la Palabra de Dios. Hay el rostro del narrador que nos encanta con sus relatos maravillosos: la historia de Abraham y de su hijo y de su nieto y de sus bisnietos; la historia de Moisés y del gran acontecimiento del Antiguo Testamento—la liberación del pueblo judío de Egipto y su alianza con Dios en el Sinaí; las historias de los jueces, de los reyes y de los profetas, y la historia desgarradora del Exilio. Luego tenemos la más grande de todas las historias—la historia de Jesús. Y Jesús nos contó sus propias historias. San Lucas siguió la tradición al contarnos la historia de la Iglesia primitiva en los Hechos de los Apóstoles. Es posible que el rostro del narrador sea el rostro más atractivo de la Palabra de Dios, pues a todos nos gustan las historias de amor.

La Palabra de Dios tiene otros rostros: el rostro del profeta, desde el refinado Isaías hasta el excéntrico Ezequiel; el rostro del legislador que se encuentra en los libros de Levítico y Deuteronomio; el rostro del sabio que se halla en los libros de Sirácides y Sabiduría; el rostro del poeta en el Cantar de los Cantares y en los Salmos; el rostro del visionario en el libro de Daniel y en el libro del Apocalipsis; el rostro del escritor de cartas que se encuentra en las cartas del Nuevo Testamento. La Palabra de Dios tiene muchos rostros, profundos y sencillos, atractivos y alarmantes, excitantes y ordinarios. Dentro de unos pocos minutos la Palabra de Dios nos puede quemar y luego helar, refrescar y luego despertar nuevos anhelos.

Alguien podría preguntar: si esta Palabra es tan poderosa, tan rica por los muchos rostros que nos descubre, entonces ¿por qué parece ser tan ineficaz? Si esta Palabra está llena de vida y poderosa, y si cumple la voluntad del Padre, ¿por qué no se encuentra más a la vista en el mundo e, inclusive, en mi propia vida? La Palabra no tiene la culpa, pero algo se ha malogrado en alguna parte. Eso podría ser debido a que hay oyentes que no escuchan de veras, o predicadores que no aplican la Palabra a la vida de su gente. También podría ser debido a lectores que no proclaman muy bien la Palabra. Y puesto que aquí nos ocupamos de los lectores, vamos a considerar una manera de acercarnos a la Palabra viva de Dios de modo que sea menos posible que ocurra tal malogro.

La Disciplina de la Interpretación Oral

Me parece que el enfoque más útil para los lectores viene de la disciplina de la interpretación oral. No es que esta disciplina vaya a resolver todos los problemas, pero sí nos proporciona un buen punto de partida para examinar nuestra relación con la Palabra que proclamamos. Para empezar, ¿en qué consiste la "interpretación oral?" Me gusta la definición de Charlotte Lee: "La interpretación oral es el arte de comunicar a una audiencia una obra de arte literario en su totalidad intelectual, emocional y estética".[7] Examinemos esta definición más de cerca:

"el arte de comunicar a una audiencia . . ."

Se trata aquí de una habilidad que puede llegar a ser un arte—la habilidad de comunicar a una audiencia o a una asamblea. El enfoque está afuera, hacia los oyentes, llegando a ser uno con ellos porque tal es la meta de toda comunicación. Por medio de

"una obra de arte literario . . ."

se lleva a los que leen y a los que escuchan a la comunión. Si se puede llegar a tal comunión a través de una obra de Shakespeare, de Dickens o de Faulkner, será mucho más factible en el caso de la Palabra viva de Dios, quien desea que no haya división o separación en su Hijo. Sin embargo, para que esto suceda, la Palabra tiene que ser comunicada

"*en su totalidad intelectual, emocional y estética*".

Primero, los lectores tienen que comprender lo que están comunicando, el desarrollo del pensamiento del pasaje, si se trata de las palabras de Jeremías o de Pablo, o si se vuelve a contar una de las historias del Antiguo Testamento o de los Hechos de los Apóstoles. Los lectores han de captar intelectualmente lo que se está diciendo. Eso exige un riguroso estudio del pasaje.

Entonces, los lectores deberán comunicar el tono emocional del texto. Por eso, si se trata de la ira de Pablo en su carta a los Galateos o de la expectación gozosa del profeta Isaías imaginando el día en que el lobo sea el huésped del cordero, hay que sentir este sentimiento y comunicarlo.

Finalmente, existe la dimensión estética del texto y todas las cualidades que transforman el pasaje en una bella obra. Eso podría incluir el ritmo al que se ha traducido un salmo, con tres o cuatro acentos tónicos por cada línea. O podría ser cómo una historia se desenvuelve hasta su conclusión— por ejemplo, la historia de la muerte de Absalón, hijo de David, historia que concluye con las palabras llenas de aflicción de David: "Absalón ¡hijo mío! ¡Hijo mío, Absalón! Ojalá yo hubiera muerto en lugar tuyo, ¡hijo mío! (2 Sam 19:1). También podría significar hacer resaltar las palabras de un pasaje del libro de Sabiduría, dejando un rato de silencio antes de proseguir con el concepto que sigue. La preocupación estética se interesa por ver cómo todas las partes encajan en el conjunto para que los que escuchan tengan una experiencia total del pasaje.

Por lo tanto, la definición de Lee exige que los lectores estudien la lectura desde tres aspectos: el aspecto intelectual, el aspecto emocional y el aspecto estético. Pues bien, ¿cómo este análisis influye la actuación de un lector?

Podría ser útil estudiar el esquema que nos propone Wallace Brown en su libro sobre la interpretación oral.[8] Perfila el proceso de interacción entre un lector y una obra literaria:

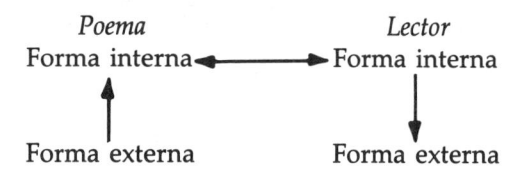

Poema	*Lector*
Forma interna ⬌	Forma interna
↑	↓
Forma externa	Forma externa

(Es fácil leer ''Escritura'' en vez de ''poema'' y ''lector/a litúrgico/a'' en vez de ''lector/a''). Cada obra literaria tiene su forma externa: las palabras impresas en la página. Pero, detrás de esta forma externa, hay una forma interna: la mente, el corazón, los sentimientos del pasaje, o lo que Lee presenta como exigencias intelectuales, emocionales y estéticas. Los lectores también tienen su forma externa: su apariencia física, sus expresiones faciales, el tono de su voz. Además, dentro de la persona hay una forma interna: los propios pensamientos y los sentimientos de cada uno.

Les incumbe a los lectores llegar a la unión más íntima que se pueda entre su propia forma interna y la forma interna del pasaje que están proclamando, para que se dé lo que Bacon llama una ''coalescencia''[9] de ambas formas. Luego, los lectores tienen que dar una expresión externa a esa unión. Demasiado a menudo, lo que pasa es poco más que un encuentro de las formas externas—lo que está impreso en la página pasa por la boca del lector. El resultado es que leer la Palabra de Dios en la liturgia se asemeja a la definición que Mortimer Adler propone sobre conferencias:

"un proceso por medio del cual los apuntes de los maestros llegan a ser los apuntes de los estudiantes sin pasar por la mente de los unos ni de los otros".[10]

Los lectores y la Escritura se deben compenetrar. No puede tratarse de un mero roce ni tampoco de una colisión en la cual un lector o una lectora se impone sobre la lectura. Al contrario, lo que tiene que ocurrir es un encuentro respetuoso y abierto entre dos seres distintos. No basta encontrarse al modo de dos objetos, ni al modo de un sujeto y un objeto: en ambos casos, no se da un encuentro verdadero entre los lectores y los textos. Esto es posible sólo cuando lector/a y texto se encuentren como dos sujetos, cada uno con algo que ofrecer al otro, en un espíritu de disponibilidad para entregarse el uno al otro, para ceder y dar lo que es más propio, lo mejor de sí.

Resumen

En el ministerio de los lectores se llama a una persona para que crezca en un conocimiento cariñoso y amoroso de la Escritura, la Palabra viva de Dios. Se le invita a él o a ella a que inicie una relación con una Palabra creadora, poderosa y eficaz. Al cumplirse el tiempo, esta Palabra (Verbo) se hizo carne en la persona de Jesús de Nazaret. Ahora, la Palabra sigue haciéndose carne una y otra vez cuando un hombre o una mujer se pone de pie para proclamarla—o, a lo menos, debería hacerse carne en la carne de aquella persona. El arte de la interpretación oral nos brinda un enfoque. Pone delante de nosotros la meta de la unión, una alianza entre los que leen y el texto, desde dentro hacia fuera, una coalescencia a nivel de entendimiento, sentimiento, y de todas las demás cualidades que contribuyen a que ese encuentro sea una verdadera encarnación de la Palabra.

Tal es la tarea que nos espera. Tenemos que hacernos la pregunta siguiente: ¿Cómo podemos lograr esto? Entonces, pasamos de la teología y de la teoría a su aplicación práctica.

SEGUNDA PARTE

El Verbo Se Hace Carne en Nosotros

Un Enfoque Práctico

Sin duda alguna, la Palabra de Dios tiene su propia fuerza y puede lograr lo que Dios le mandó hacer. Pero Dios quiso actuar a través de instrumentos humanos para tocar su canto de amor al mundo. Dios se sirvió de Moisés, que aparentemente tenía un problema de tartamudeo, y de Jeremías, que fue el más reacio de todos los profetas. Dios llamó a Pedro que, durante los primeros días hablaba sin pensar, y llamó a Pablo que decía exactamente lo que pensaba. En este momento, te toca a ti, como lector/a, formar parte de los que Dios ha escogido.

La llamada de Dios no se puede dar por supuesto. El hecho de que vas hablando desde hace quince, veinte y cinco, cuarenta y cinco, sesenta y cinco, o más años no quiere decir que vas a ser automáticamente un/a buen/a lector/a. La llamada a ser lector/a es algo que exige cierta preparación. Sin esta preparación, ninguna persona debería levantarse para leer a la comunidad reunida para el culto. Es cierto que, a veces, puede ocurrir que un/a lector/a designado/a se enferme, o que no se presente. Pero, lo normal sería que los lectores sepan cuando van a leer. Al llegar a ser lector/a, tú aceptas las responsabilidades siguientes: hacer lo mejor que puedas, practicar, autoevaluarte a menudo, y nunca dejar de buscar maneras de mejorarte.

Pues bien, ¿qué es exactamente lo que tú deberías hacer? ¿Por dónde empiezas? Ahora, pasemos a la práctica . . .

Primer Paso: Lee el/los Texto(s)

En un primer paso tienes que leer los textos. Se encuentran en el Leccionario, el libro grande que contiene todas las lecturas bíblicas que se usan en la misa. Para cada domingo hay tres series de lecturas—los ciclos A, B y C. Empezando por el primer domingo de Adviento del año anterior, un ciclo determinado corresponde a cada año. Por ejemplo, 1993 es el año A, 1994 es el año B, 1995 el año C, y así sucesivamente. Se usan los tres ciclos porque así las lecturas pueden ser más variadas, "para proporcionar un elenco más amplio a los fieles en la mesa del la Palabra de Dios".[11]

El Evangelio de San Mateo se lee en el ciclo A; en el ciclo B se lee el Evangelio de San Marcos y el sexto capítulo del Evangelio de San Juan; y el Evangelio de San Lucas se lee en el ciclo C. La primera lectura de cada domingo ha sido escogida teniendo en cuenta el Evangelio. La segunda lectura se toma de las cartas o del libro del Apocalipsis. Hay lecturas especiales para los días festivos de precepto o ciertos días de los santos. Los días ordinarios de la semana llevan un ciclo de dos años en cuanto a la primera lectura, Año 1 y Año 2 según se trate de un año par o impar. Si no estás seguro del ciclo vigente o del año, pregúntaselo al sacerdote. Si te equivocaras en las lecturas, podrías causarle palpitaciones al homilista.

Nunca es suficiente dar una mera ojeada a las lecturas en la sacristía. Para prepararte bien, tienes que prepararte en tu casa. Si te preparas para la liturgia del domingo, deberías tener a mano un pequeño Misal o el Misal de los domingos (Misales para los domingos y misales diarios se pueden comprar en tu librería católica local). Empieza por leer el pasaje de la Escritura para ti mismo una vez o dos veces, luego haz lo mismo en voz alta. Date cuenta del flujo del texto. Oye lo que está diciendo el texto y también cómo suena.

No basta leer las lecturas en voz baja. Cuando practicas, puedes tender a leer un texto para ti sólo puesto que muchos de nosotros nos sentimos naturalmente cohibidos al leer en voz alta. Eso está bien al principio, pero luego sigue leyendo en voz alta inclusive de la misma manera que tendrás que leer en tu parroquia. Lo que importa en esta etapa es que leas la selección como si fueras oyente, dejando que el significado del texto penetre en tu mente y en tu corazón para que lo puedas asimilar y comprender. De no ser así, sólo estarás diciendo palabras. Además, si las palabras impresas sólo pasan por tus labios, la Palabra se puede malograr.

Otra sugerencia es que reces con las lecturas. Pídele al Señor que te envíe su Espíritu para que te abra el corazón acerca de su mensaje de modo que, gracias a ti, la gente pueda entender. Luego, lee cada lectura muy despacio, deteniéndote para dejar que te hable, es decir que tienes que entrar en diálogo con la Palabra de Dios.

Segundo Paso: Entiende el/los Texto(s)

Al seguir leyendo el texto una y otra vez, pregúntate: ¿Conozco todas estas palabras? ¿Las sé pronunciar? ¿Sé lo que quieren decir? ¿Comprendo realmente lo que estoy leyendo? Este segundo paso puede abarcar varios campos.

a) Pronunciación. Se trata de la dificultad más obvia. ¿Hay trabalenguas en las lecturas? Por ejemplo, unos lectores descuidados cambiaron unas comunidades a las que San Pablo dirigía sus cartas de la manera siguiente: Filipinos en vez de Filipenses, Galochenses (¿los que llevan galochas?) en vez de Colosenses. A veces, una lectura tiene un sin fin de nombres de naciones que desaparecieron hace muchos siglos. Mira la primera lectura señalada para la fiesta del domingo de Pentecostés (He 2:1-11) donde hay una lista de los pueblos que oyeron hablar a los apóstoles llenos del Espíritu Santo: "Entre nosotros hay partos, medos y elamitas; habitantes de Mesopotamia, Judea, Capadocia y del Ponto; hay hombres provenientes de Asia, Frigia, Panfilia y Egipto y de la parte de Libia que limita con Cirene". Muchas dificultades de pronunciación se refieren a nombres de personas, pueblos y lugares. Podría ayudarte un librito útil que se llama *Lector's Guide to Biblical Pronunciation* por Joseph Staudacher.[12] Indica la pronunciación correcta y los acentos gráficos.

Si no estás seguro/a en cuanto a otras palabras, búscalas en el diccionario. Uno de los incidentes más chistosos que me haya tocado vivir sucedió un domingo de Resurrección durante mi primer año como sacerdote. La primera lectura provenía del Génesis 15, donde se describe la alianza que Dios hizo con Abraham: "Cuando el sol ya se había puesto y estaba todo oscuro, algo como un calentador ('brazier' en inglés) humeante y una antorcha encendida . . ." Tal vez adivinaste lo que oyó la comunidad: en vez de oír "un calentador humeante" oyeron "un sostén" ('brassiere' en inglés) humeante. Moraleja: ¡utiliza un diccionario!

b) Significado. Además de buscar el significado en español de las palabras que no conoces, valorarás más lo que ciertas palabras significaban para los autores que las usaron y eso será una experiencia enriquecedora para ti. Por ejemplo, el segundo domingo de Pascua, Ciclo B (1 Jn 5:1-6), en la Primera Carta de San Juan cuando leemos la palabra "el mundo", la palabra se refiere al mundo de la oscuridad, el terreno descreído del pecado y de la muerte. En la misma lectura, ¿qué se quiere decir al declarar que "Tanto el agua como la sangre lo han señalado: Jesucristo. No sólo el agua, sino el agua con la sangre?" Pues bien, alguien podría decir, "Le toca al homilista explicar este versículo". Eso es verdad, pero *tú* lo vas a leer. ¿Cómo puedes leerlo bien si no entiendes lo que quiere decir? ¿Cómo puedes causar un impacto sobre la gente si la Palabra no te ha causado ningún impacto a ti mismo/a? Podría darse el caso de que, precisamente porque tú has llegado a comprender la Palabra y la lees con el sentido de saber lo que estás diciendo, los que te escuchan tendrán más interés en ver cómo lo va a explicar el homilista. ¿Qué quiere decir el versículo? "Agua" se refiere al bautismo de Jesús; "sangre" a su crucifixión.

Para conseguir más detalles sobre esta lectura y todas las lecturas de los domingos, sería bueno procurarte un ejemplar de *Preaching the New Lectionary: The Word of God for the Church Today* por Reginald Fuller.[13] A pesar de haber sido escrito para predicadores, con varios comentarios breves sobre las lecturas de los domingos, puede ser útil para los lectores en esta segunda etapa para entender palabras o frases que tienen un significado especial no evidente a primera vista.

"Espíritu" y "carne" son otras palabras con un significado especial; la palabra "fe" puede tener varios sentidos según el libro de la Biblia que estás leyendo. O, toma una palabra como "gloria" que en hebreo quiere decir "peso" o "pesadez" en su sentido más literal, pero que llegó a ser descrita como una nube, un fuego, o como luz al hablar de la gloria de Dios. Reconocer la gloria de Dios, darle gloria a Dios significa admitir su importancia, su peso en nuestra vida y valorar su calor y su luz. Considerar una palabra como "gloria" y leer lo que un erudito como John L. McKenzie dice de ella en su *Dictionary of the Bible*[14] nos dará un aprecio completamente nuevo de lo que esas seis letras del alfabeto pueden impartir. Eso nos procurará numerosas imágenes que se nos ocurrirán cada vez que aparezca esa palabra. La riqueza de este concepto abstracto que contiene una imagen tras otra influirá nuestra manera de decir la palabra, haciéndonos participar más al articular esas dos sílabas. Es un tipo de participación que sólo sale de una profunda comprensión.

c) Forma. Por "forma" se entiende el género literario del pasaje. ¿Se trata de una historia? ¿De una carta? ¿De un fragmento de poesía? Cada forma tiene sus propias exigencias, y hace falta escucharla, comprenderla y valorarla. Vamos a considerar las tres formas más corrientes más de cerca.

1. *Las historias.* Como lector/a, estás encargado/a de unas de las historias más maravillosas que se hayan escrito jamás. Además, es por medio de estas historias que Dios continúa a hablar—historias sobre el arco que señaló la alianza de Dios con Noé; sobre la zarza cuyas llamas revelaron un Dios ardiendo de amor por su pueblo; sobre la costilla que llegó a ser una mujer; sobre la tinaja de harina que no se terminaba y el cántaro de aceite que no se agotaba; sobre Naamán, el leproso que se quedó limpio; sobre la madre que vio morir a sus siete hijos; sobre el profeta Natán que llevó el perdón de Dios a David por sus pecados de asesinato y adulterio (valiéndose de un cuento en el proceso); sobre Jonás, armando un follón y quejándose todo el tiempo que servía a Dios. Todas son historias que nos revelan a nuestro Dios como creador, sanador, preservador y redentor. ¡Qué maravilla que, muy a menudo, Dios nos dé su mensaje a través de una historia!

Sin embargo, con frecuencia, estas historias se vuelven a contar sin vida, sin entusiasmo y sin compromiso. Como lector/a, tú debes captar cada historia sencillamente como la historia que es. Para prepararte bien, deberías leer toda la historia en la Biblia, ya que es posible que el Leccionario te dé sólo una parte de la historia. Cuando la leas, imagínatela. Mira a la gente. Date cuenta de lo que está pasando. Sigue la historia como si la vieras por primera vez. Vuelve a leerla varias veces. Hasta trata de contarla en tus propias palabras, y cuéntala como si nadie la hubiera escuchado antes. Hazte parte de la historia. Luego, cuando la proclames en la liturgia, la historia cobrará vida.

Hay unas cosas específicas que tienes que vigilar al leer la historia en el templo. La primera frase suele indicar el escenario—el dónde y quién(es)—, por lo tanto, ten cuidado y préstale bastante atención a eso. No tengas prisa al leer. Observa cómo se construye la sección: el flujo de los acontecimientos, la culminación, los cambios de ánimo, los distintos sentimientos de los personajes, y hasta dentro del mismo personaje. Procura distinguir entre las varias personas que hablan en la historia para que no suenen iguales. Trata de imaginarte mentalmente a cada persona que habla. La historia suele tener un narrador y, por lo menos, dos personas más. (En la última parte de este librito indicaremos algunas maneras de distinguir entre ellos). Es cierto que siempre existe el peligro de llevar eso demasiado lejos, de hacerte demasiado dramático/a. Para evitar eso, tal vez sea provechoso que te escuche alguien. Sin embargo, la experiencia más usual es que estas historias suenen aburridas, afectadas y sin vida. Y eso es una lástima porque son las historias de Dios. Disfruta de tu papel de cuentista de Dios.

2. *Las cartas.* Las cartas o epístolas son otra forma literaria. A veces las partes que vas a leer son instrucciones donde Pablo enseña a sus oyentes la diferencia entre vivir en el espíritu y vivir en la carne, o vivir bajo la ley de Moisés y vivir en Cristo Jesús. In ese caso, necesitas tener la seguridad de dar el tiempo suficiente para que el mensaje se adentre, especialmente porque estas partes son usualmente bastante abstractas. (Mira, por ejemplo, Rom 5:12-19, la lectura de la Carta a los Romanos del primer domingo de Cuaresma, Ciclo A). Otras veces, vas a leer secciones que alientan y

exhortan al pueblo acerca de su modo de vivir (mira 2 Co 13:11-13, la lectura de la segunda Carta a los Corintios para el domingo de la Santísima Trinidad, Ciclo A). También en este caso, necesitas dar tiempo a cada declaración para que tenga efecto.

Cada carta tiene su propio tono. La carta a los Romanos es más formal ya que Pablo no conocía a esa comunidad. En cambio, al principio de la carta a los Gálatas (Gál 1:1-2; 6-10), Pablo es muy directo. Está enojado y molesto. Había trabajado con esta comunidad y ahora la gente abandona el evangelio anunciado por él. Por contraste con esto, sus cartas a Timoteo son muy cariñosas e íntimas. El principio de la segunda carta a Timoteo (2 Tim 1:1-8) ofrece una de las expresiones más conmovedoras de amor entre amigos que se encuentre en la Biblia.

Cada carta va a tener sus propias exigencias. Mira con esmero para averiguar lo que se exige. Puede ayudarte una guía de estudios, sobre todo si contiene un resumen de cada carta que te permita ver dónde el pasaje encaja en el conjunto.[15] Entonces, estudia la parte que vas a leer para ver cómo prosigue, qué conceptos dependen de los puntos clave, dónde culmina el pasaje. Una vez más, cuanto mejor entiendes lo que estás leyendo, tanto mejor lo podrás proclamar a los demás.

En su libro *Oral Reading of the Scriptures,* Charlotte Lee invita a los lectores a que se identifiquen con el autor de estas cartas, a que se pongan en su lugar dentro de lo posible, y a que se dirijan a la asamblea como a un grupo parecido al grupo primitivo.[16] En la mayoría de los casos, ese método funcionará bastante bien. Aun cuando una carta se dirige a un individuo como a Timoteo o Filemón, puedes pensar que los individuos en la asamblea eucarística son, en cierto sentido, sus equivalentes actuales. La única excepción que se me ocurre es la que mencioné previamente, o sea la

Segundo Paso: Entiende el/los Texto 29

primera parte de la carta a los Gálatas. Allí, si dieras una interpretación *demasiado* vigorosa de la ira de Pablo, tus oyentes podrían preguntarse lo que te está pasando. Fuera de esta selección, la índole y el sentimiento de la carta primitiva enriquecerán la lectura.

3. *Poesía.* La forma poética se encuentra en los salmos y en los profetas. Los poemas abundan en imágenes y sentimientos, por eso ten cuidado de no hacer la lectura a toda prisa. Da a tus oyentes el tiempo de asimilar las imágenes. Mira la lectura del libro de Isaías para el segundo domingo de Adviento, Ciclo A (Is 11:1-10). ¡Qué tesoro de imágenes se encuentran en el primer versículo!

> En aquel día,
>   una rama saldrá del tronco de Jesé,
>   un brote surgirá de sus raíces.

Se trata de la imagen de una rama nueva que sale del tronco de un árbol, de nueva vida, de un brote que surge. Debes verlo en tu mente y dejar que atraiga tus sentidos, la vista, el olfato y el tacto.

Luego están las hermosas imágenes que ocurren más adelante en la lectura, la visión de un tiempo futuro cuando se recobre el Paraíso:

> El lobo habitará con el cordero,
>   el puma se acostará junto al cabrito,
>   el ternero comerá al lado del león
>   y un niño pequeño los cuidará.

Deja que cada una de estas imágenes se plasme en la mente y en la imaginación de tus oyentes. Da a cada imagen el tiempo de imprimirse. Si tú mismo/a estás viendo las imágenes, invitarás a la asamblea a que haga lo mismo. La intensidad de tu entrega se notará en tu lectura.

La poesía es mucho más concentrada que la prosa. La poesía atrae poderosamente los sentidos, crea una impresión de reiteración, cierta sensación de repetición. En la poesía hebrea, esta impresión se comunica por el ritmo de las palabras y por la repetición del contenido de la idea. El ritmo de los poemas bíblicos sería muy obvio si pudiéramos leerlos en el idioma en que fueron escritos. Pero, aun así, todavía podemos oír los esfuerzos de los traductores para captar algo de ese ritmo. Por lo general, verás que cada línea de los salmos tiene un ritmo con tres o cuatro tiempos. Lee algunos versículos del Salmo 96, enfatizando las sílabas acentuadas:

> Canten al Señor un canto nuevo,
> canten al Señor toda la tierra.
> Canten y bendigan al Señor,
> su salvación proclamen diariamente (Sal 96:1-2).

O bien considera el Salmo 85:

> La gracia y la verdad se han encontrado,
> la justicia y la paz se han abrazado (Sal 85:11).

Una cadencia rítmica corre por estas líneas. Tú no quieres que la cadencia se haga demasiado pesada, pero sigue siendo un factor que has de tener en cuenta al preparar y proclamar el salmo responsorial.

El ritmo no es el único elemento característico de la poesía hebrea. También hay el paralelismo que se ha descrito como "ritmo del pensamiento".[17] En el ritmo normal, se repiten los sonidos. En el ritmo del pensamiento, son los pensamientos los que se repiten. Por ejemplo:

> ¿A dónde podré ir lejos de tu espíritu?
> ¿A dónde podré huir lejos de tu presencia? (Sal 139:7).

Cada línea contiene el mismo pensamiento y ambas expresiones son paralelas. Se trata de un paralelismo sinónimo.

Otra forma de paralelismo expresa el mismo pensamiento por medio de dos maneras opuestas. Es lo que se llama paralelismo antitético:

> Confía en Yavé sin reserva alguna;
> no te apoyes en tu inteligencia (Pro 3:5).

A pesar de oponerse, ambas declaraciones significan más o menos lo mismo.

Se dan otras formas de paralelismo, pero estos ejemplos deberían bastar para darte una muestra de la habilidad artística de los poetas hebreos. Se trata de la reiteración de un pensamiento y también del ritmo. Este sentido de reiteración constituye el sello de la poesía.

4. *Otras formas.* Hemos considerado solamente tres de las formas literarias que vas a encontrar en las lecturas bíblicas: las historias, las cartas y la poesía. Existen otras formas que podrías querer estudiar por tu cuenta: los refranes breves y expresivos de la literatura sapiencial; la predicación que se encuentra no sólo en los profetas como Amós, Jeremías y Ezequiel, para nombrar unos cuantos, sino también en la primera carta de S. Pedro, con su homilía sobre el bautismo; y el género apocalíptico que se halla en el libro de Daniel y el Apocalipsis.

Por medio de tus propios estudios y de tu lectura de las Sagradas Escrituras, profundizarás tu conocimiento de estos varios géneros de la Biblia. Recuerda la llamada de Pablo VI: ". . . haz todo lo posible y usa los medios idóneos para obtener un amor cada vez más entrañable y vivo y el conocimiento de las Sagradas Escrituras . . ."

Tercer Paso: Practica el/los Texto(s)

Después de leer los textos (Primer Paso) y de llegar a comprenderlos a partir del estudio de su contenido y de su forma

(Segundo Paso), los lectores comienzan a practicarlos con la mirada puesta en las destrezas que facilitan una buena lectura en el templo. Existe la tentación de reducir tu preparación a este último paso. Pero a menudo eso da como resultado unas lecturas que suenan huecas porque un/a lector/a no refleja la comprensión de lo que él o ella está leyendo. Una vez que se haya comprendido el texto, los lectores se pueden concentrar en los puntos siguientes:

a) Nerviosismo. Casi todos los que han tenido alguna vez que ponerse de pie en público para decir aun unas pocas palabras saben lo que significa estar nervioso. Este estado puede incluir sensaciones de temor, miedo y ansiedad. El estómago se nos pone tenso, la boca se vuelve seca, las rodillas nos tiemblan y las manos nos empiezan a sudar. Te encuentras preguntándote, "¿Cómo pude enredarme en esto jamás?" Para la mayoría de la gente, unas o todas estas reacciones son naturales e irán desapareciendo poco a poco con la práctica. Es principalmente cuestión de llegar a sentirse a gusto y de cobrar un poco de confianza.

Pero, ¿qué se puede hacer para ayudarte las primeras veces que lees en la misa? Eso tiene mucho que ver con tu capacidad para concentrarte. Concéntrate en la lectura. Enfoca tu atención y toda tu energía en lo que estás diciendo. Deja de hacerte el foco de tu atención; eso es lo que produce nerviosismo. Cuando estoy nervioso/a, me preocupo por mí: ¿Qué pasaría si *yo* me equivocara? ¿Qué estarán pensando de *mí*? ¿Qué pasaría si *yo* perdiera la página o si *me* equivocara de lecturas? Si estás pensando en todas estas cosas, es muy fácil que el nerviosismo prevalezca y se haga cargo. Si quieres impedir este bloqueo de tus nervios, fíjate en las lecturas, en lo que estás diciendo. Ponte en lo que estás anunciando, entrégate a ello, basándote en tu comprensión del texto.

Recuerdo una entrevista de Dick Cavett con Katharine Hepburn. El le preguntó a ella si podía ofrecer unas sugerencias para actuar. Su respuesta fue rápida: "Concentración". Luego añadió, "comprobé para ver si el material era maravilloso . . . y si yo podía concentrarme real y sinceramente, si podía realmente hablar inglés y con verdad—la verdad de la mente y la verdad del corazón—entregar una escena a unos oyentes . . . si ellos se concentraban, lo aceptaban sin más. Si la escena tiene verdad del corazón de modo que vibre en tu corazón, tú (como oyente) puedes decir, '¡Oh!, entiendo lo que quieres decir' ".

El material que tratamos es indudablemente maravilloso. Nos toca a nosotros hablarlo con verdad—la verdad de la mente y la verdad del corazón—para entregar la Palabra a nuestros oyentes. Cuanto más creces en tu capacidad de concentrarte en lo que estás diciendo, menos caerás en la trampa del nerviosismo.

Recuerda también que has sido llamado/a para hacer esto. Dios te ha llamado o por medio de un sacerdote, o de otros lectores, o por tu propia iniciativa. Entonces, confía en el Señor que obrará a través de ti. Como quedó dicho anteriormente, es bueno acostumbrarte a pasar un rato de oración antes de leer, pidiéndole a Dios que haga penetrar sus palabras en el corazón y la vida de tus oyentes. También rezar por los demás puede ayudarte a no pensar en ti.

Igualmente, te puede ser útil encontrar maneras de relajarte antes de leer. Algunas personas sacan provecho de unas respiraciones profundas. Empieza la respiración a partir del diafragma y no a partir del pecho. Para averiguar si lo haces bien, ponte la mano en el estómago; debería ensancharse al inspirar y encogerse al expirar. Para relajarte la voz, vocaliza un poco antes de entrar en la iglesia. Respira profundamente y di "ah" al expirar. O di sencillamente algunas sílabas sin sentido, moviendo tu lengua libremente por tu boca. Podrás sentirte ridículo/a al hacer esto, pero relajará tu mandíbula y tu lengua estará blanda. Tu boca debería estar tan relajada como lo está cuando estás comiendo.

b) Cualidad de voz. Una exigencia básica requiere que un/a lector/a tenga una voz bastante agradable. Tu voz no tiene que parecerse a la de Laurence Olivier o la de Helen Hayes. Tu voz no ha de ser demasiado nasal o demasiado ronca, ya que una voz desagradable puede perturbar el mensaje. Ciertos defectos en el habla o un acento demasiado fuerte pueden presentar obstáculos para que la gente oiga y comprenda la Palabra de Dios. La llamada a ser lector/a es un don, y como S. Pablo lo escribió a los Corintios, no todos tienen los mismos dones (1 Co 12:4ss).

c) Volumen. Otra exigencia básica requiere que se pueda oír a un/a lector/a. Esto no quiere decir que hay que gritar una lectura sino que se debe usar el volumen suficiente para que una persona sentada en el último banco pueda oír con facilidad. El defecto más común de los lectores principiantes consiste en leer como si estuvieran en un cuarto pequeño. La mejor manera de comprobar esto es pedirle a alguien en la parte trasera de la iglesia que levante la mano si tu voz no es bastante fuerte. Si eso te distrae, pídele a esa persona que te lo diga después de la liturgia.

Al esforzarte por hablar en voz bastante alta, no fuerces la voz. La palabra "proyección" se usa a menudo, pero puede llevar a los lectores a forzar la voz y a acabar con dolor de garganta. Tu cuerpo es tu tornavoz. En vez de usar la imagen de proyectar tu voz, te podría ser más útil pensar en invitar a los que están más lejanos a estar contigo, a acercarlos a ti con tal de llenarte de sonido.

En algunas parroquias se ofrece una sesión semanal de práctica para comprobar el volumen y otras exigencias de leer en público. Si eso se da en tu parroquia, aprovecha esta oportunidad. Sin embargo, recuerda que vas a necesitar un volumen un poco más alta cuando estés en el templo el domingo porque la ropa y los cuerpos absorben el sonido.

Tercer Paso: Practica el/los Texto 35

Al tratarse de volumen, tu manera de respirar es importante. Si respiras de un modo superficial, sólo a partir del pecho, es probable que tu voz se ablande al final de una frase y que te tragues las últimas sílabas o tal vez las últimas palabras. Respira profundamente a partir del diafragma para tener una voz llena y placentera.

El micrófono es una ayuda valiosa. Puesto que se encuentran micrófonos en la mayoría de las iglesias, es probable que puedas usar uno para ayudarte en las lecturas. Pero, no se trata de algo mágico. Si no hablas claro, el micrófono amplificará tu falta de claridad. Un micrófono requiere un esfuerzo de tu parte. Entérate de la distancia que se necesita entre ti y el micrófono que vas a utilizar. Normalmente, tu boca debería estar dentro de cuatro u ocho pulgadas del micrófono, aunque algunas personas necesiten estar más cerca. Además, ten cuidado de no moverte dentro y fuera de su alcance. Con algunos micrófonos, no puedes mover la cabeza para mirar a la gente por los lados porque te encontrarás fuera de su alcance.

En el caso de que quieras hablar más alto en el curso de una lectura—por ejemplo, cuando Dios llama a Adán, "¿Dónde estás?"—aléjate un poco del micrófono; de lo contrario, el sonido saldrá desvirtuado. Por el contrario, es probable que tengas que acercarte un poco más de lo normal al leer las palabras del discípulo que se inclinó sobre el pecho del Señor en la Ultima Cena y le preguntó, "Señor, ¿quién es?" El micrófono te permite una gran variedad de volumen y matices. Con la práctica, te sentirás más a gusto al usarlo.

d) Dicción. Tienes que formar correctamente cada sonido vocálico y cada consonante. Mientras unos lectores pueden exagerar la precisión de su dicción al grado que suena artificial, la mayor parte de ellos tiende a relajarse demasiado.

Y eso puede ser un desastre cuando se lee en público. Las consonantes finales, como la s en Dios o la d en ciudad se suprimen a menudo y se oye "la ciuda de Dio" en vez de "la ciudad de Dios". Ten cuidado también con la forma participial—*ado/ido* de los verbos como en "Yo te he enviado" o ". . . se te ha aparecido Yavé".

El esfuerzo que necesitas hacer va a depender del tamaño del templo, del salón o del cuarto. Si estás leyendo en una misa en casa en la sala de estar, no necesitas hacer un gran esfuerzo como si estuvieras en una gran iglesia. Sin embargo, si utilizas un micrófono, tienes que enunciar las palabras de una manera bien clara, pero que no sea tan exagerada como para parecer una grabación con efectos sonoros. Una *s* pronunciada siseando resulta tan mala como una s sin pronunciar. Una *p* explosiva dará a la lectura el efecto no deseado de evocar el sonido de los fuegos artificiales de la fiesta nacional. Sería conveniente que alguien te escuchara practicar, para observar sonidos amortiguados, palabras pasadas por alto, terminaciones suprimidas, peculiaridades de expresión ("este . . . y . . .").

e) Registro de Voz. El registro de la voz se refiere a la escala de notas que se emplean al hablar. Una persona que habla con una sola nota habla con monotonía—habla con una voz monótona. Resulta perfecto para adormecer a la gente. Otra persona puede utilizar notas que suben y bajan, produciendo una especie de sonsonete. Hay gente que lo hace al hablar con niños y luego lo siguen haciendo al hablar con adultos. Como oyentes, se tiene la impresión de recibir una palmadita en la cabeza.

Buenos lectores suelen emplear un registro amplio al hablar. La mayoría de las veces, solemos utilizar nuestro registro medio, es decir, el que empleamos en una conversación normal. Pero, fíjate en lo que pasa cuando te alteras—tiendes a subir a un registro más alto. Otras veces, y en general al despertarnos por la mañana, preferimos nuestro registro más bajo. Esto se aplica sobre todo a las historias en que varios personajes hablan, con inclusión del narrador, y tú quieres distinguir entre ellos. Pero, esto sirve también cuando tú quieres subordinar un pensamiento a otro. Sólo, ten cuidado de no hacer cambios excesivamente dramáticos e indebidos. En la mayoría de los casos, los cambios de registro serán sutiles.

Una pequeña advertencia: si "él dijo" o "ella dijo" ocurre en el medio o al fin de un diálogo, no bajes ni subas la voz para resaltarlo. Proclámalo con el mismo registro que el resto de esta línea del diálogo. De lo contrario, esto sonará ridículo y llamará la atención. Pruébalo en voz alta y comprenderás lo que quiero decir.

f) Paso. ¿Cuándo se lee una lectura demasiado rápido? ¿Cuándo se lee una lectura demasiado despacio? Eso va a depender de varios factores: del tamaño del templo, de lo difícil que un pasaje pueda ser para que los oyentes lo entiendan, y de si un/a lector/a habla con claridad según su propio ritmo. Si te encuentras tropezando con unas palabras, suele ser una buena señal de que lees con demasiada prisa. En la mayoría de los casos, deberías leer sin tener prisa. Una vez más, para ti, lo mejor será que alguien te escuche leer en la iglesia.

Los principiantes suelen leer demasiado rápidamente, aunque este defecto no se limite a ellos. Recuerda que el sonido tiene que alcanzar el punto más lejano de donde tú te encuentras. Si las sílabas están saliendo al modo de un tiro rápido, unas tropezarán con otras. Además, ten en cuenta que mientras tú has pasado algún tiempo con el texto, muchos entre los que te escuchan no lo han hecho. Están oyendo el texto por primera vez en tres años, o puede ser que lo están oyendo de verdad por primera vez. Dales tiempo para asimilarlo.

También en este terreno hace falta cierta variedad. En las lecturas con diálogo, tendrás que leer un poco más rápido. Por ejemplo, en la primera lectura de la festividad de la Inmaculada Concepción, Adán le dice a Dios: "La mujer que me diste por compañera me dio del árbol y comí" (Gen 3:12). Esta frase se puede dividir en tres partes, y cada parte se puede decir uno poco más rápido que el modo normal de leer para expresar el nerviosismo de Adán y su deseo de sacarse de un apuro. Otras veces, tendrás que aflojar el paso, sobre todo al final de una lectura. Deberías reflejar un sentido de demora en las últimas palabras de un pasaje. Hazles saber a tus oyentes que la lectura está a punto de acabarse. Del mismo modo, ten cuidado con las frases que se repiten frecuentemente. "Palabra del Señor" puede llegar a ser "Palabradelseñor".

g) Pausas. El uso de las pausas tiene mucho que ver con el paso de la lectura. Aquí también tú deberías evitar llegar a extremos. Si las pausas son demasiado largas, se romperá el flujo de las ideas; si son demasiado cortas, los que escuchan no tendrán el tiempo suficiente para asimilarlas. Si sobran las pausas, la lectura será demasiado áspera; si faltan las pausas, una idea tropezará con otra y la gente no captará el mensaje.

Se da la tendencia de hacer demasiadas pausas. Esto ocurre a menudo al anunciar una lectura: "Lectura (*pausa*) de la Carta de Pablo (*pausa*) a los Romanos (*pausa*)". En este caso, la única pausa que haga falta es la última; las otras no hacen más que alargar las frases sobremanera. Ten cuidado de no hacer una pausa en un punto equivocado. Por ejemplo, S. Pablo escribe: "Por El, recibí la gracia (*pausa*) y la misión del apóstol, para persuadir a los hombres (*pausa*) que se sometan a la fe, y con eso sea glorificado su Nombre . . ." (Rom 1:5). A menudo la puntuación puede servirnos de guía, aunque no siempre. El mejor enfoque consiste en leer el pasaje en voz alta para averiguar dónde es más lógico hacer una pausa. En el último ejemplo, podrías seguir la puntuación de la primera parte de la frase sin detenerte después de "gracia"; pero podrías hacer una pausa breve después de "con eso" en la segunda parte aunque no haya coma.

Se pueden necesitar más pausas al principio de una historia puesto que estás introduciendo la escena. Considera el principio del Evangelio para el tercer domingo del tiempo ordinario (Ciclo A): "Oyó Jesús que habían encarcelado a Juan, por lo que se alejó, volviendo a Galilea. Allí, dejando la ciudad de Nazaret, fue a vivir a Cafarnaún, cerca del lago, en los límites de Zabulón y Neftalí. Así se cumplió lo que dijo el profeta Isaías . . ." Mt 4:12-13). En la segunda frase, el punto ocurre después de "Neftalí", pero convendría hacer una o dos pausas antes: "Allí, dejando la ciudad de Nazaret (*se puede hacer una pausa breve*) fue a vivir a Cafarnaún, cerca del lago (*pausa breve*) en los límites de Zabulón y Neftalí . . ."

El uso de las pausas es sumamente importante para permitirle a la asamblea que entienda las lecturas. Decide de antemano dónde vas a hacer una pausa y cambia la duración de las pausas. Siempre debes hacer una pausa antes de concluir "Palabra de Dios". De lo contrario, suena como si fuera parte de la lectura.

h) Ritmo. A veces se oye a una persona que da énfasis a cada sílaba que dice. Escucha a Kermit la Rana del *Muppet Show*. Una frase como "Esta noche vamos a tener un muy buen espectáculo" va a tener dieciséis sílabas acentuadas en vez de las seis sílabas importantes: "Esta noche vamos a tener un muy buen espectáculo". Si se acentúa cada sílaba, todo llega a ser importante y, por lo tanto, nada es importante.

El ritmo de una frase incluye saber lo que se tendría que acentuar y lo que se debería quedar sin acento aunque enunciado con claridad. Cada frase, cada oración tiene varias palabras que llevan la idea—son las palabras que pondrías en un telegrama para expresar el mensaje. Estas son las palabras acentuadas. Las palabras sin acento tónico son las que rellenan el pensamiento—normalmente los artículos ("un", "una", "el", "la", "los", "las"); los pronombres ("él", "ella"); las formas de los verbos auxiliares como "haber", "estar"; formas del verbo "ser" en la voz pasiva; a veces los adverbios y, por lo general, las preposiciones.

El conjunto de palabras acentuadas y sin acento es lo que comunica el ritmo de la frase. Por ejemplo, S. Pablo escribe: "Yo no pretendo haberlo conseguido todavía. Olvidando lo que dejé atrás, me lanzo hacia adelante y corro hacia la meta, con miras al premio . . ." (Fil 3:13). Un/a lector/a tendrá que subordinar las palabras menos importantes, dejándolas sin acento tónico.

Al igual que la música, la palabra hablada lleva su propio ritmo. Y es la interpolación de las sílabas acentuadas y de las sílabas sin acento que produce este ritmo. Como ya quedó dicho, el ritmo llega a ser más importante cuando se trata de poesía, inclusive la poesía traducida de la Biblia.

i) Entonación. Todos los idiomas tienen su propia melodía, ya sea español, alemán, japonés, inglés, cada uno tienen una melodía distinta para expresar una idea. La peculiaridad del español es que la frase no se debe empezar en tono alto. Se debe empezar en tono bajo, seguir en tono normal y terminar en tono alto. Hay que evitar el tono alto al principio de una frase, salvo en los siguientes casos: cuando la primera sílaba es acentuada ("¡Oye!" "¡Fíjense!") o cuando se empieza con una palabra interrogativa ("¿Quién?") o exclamativa ("¡Qué!"), en estos casos se empieza en tono más alto que el tono normal y el final sube un poco. Observa la frase interrogativa siguiente en que las sílabas acentuadas se indican con un guión y las sílabas sin acento con un punto:

— .   .   .   . — .   . — .   . — .
¿Quién nos separará del amor de Cristo?

Observa cómo las sílabas acentuadas se dicen en un tono alto y las sílabas que siguen bajan y que el tono sube otra vez con las sílabas acentuadas. Esta cadencia es lo que nos suena más natural. Los buenos oradores usan una gran variedad de tonos. Muchas veces se expresará un descenso gradual dentro de una frase o de un pensamiento; a veces también habrá una pausa más larga entre las palabras acentuadas. Si pronuncias todas las palabras en el mismo tono, hablarás con monotonía. Por el contrario, si subes y bajas demasiado, tendrás el efecto de sonsonete.

Hemos dado unos cuantos detalles acerca de la entonación, no para que te sientas cohibido/a, sino para darte un instrumento para analizar tu modo de hablar, sobre todo si te das cuenta de que existe cierta monotonía en tu expresión. El uso natural de la entonación, con ciertos matices, te dará la oportunidad de valorar la voz humana como un instrumento músico. Este instrumento se puede tocar bien o mal.

j) Contacto Visual. Hasta este punto, sólo hemos hablado de asuntos limitados a la voz humana. Pero la voz no es el único vehículo para comunicar—también es importante el contacto visual. Esto no quiere decir que tengas que aprenderte el texto de memoria, pero sí deberías estar lo suficientemente familiarizado/a con él para poder establecer un contacto con tus oyentes en los momentos idóneos. El momento de anunciar la selección que vas a leer es el lugar más natural: "Lectura del libro de . . ." se puede decir fácilmente mientras miras a la gente. Si estás leyendo el salmo responsorial, levanta los ojos cuando la gente está repitiendo el refrán. En cuanto a las otras lecturas, decide de antemano cuando vas a mirar a la gente.

En estos momentos, ten cuidado de estar mirando a los feligreses, y no por encima de ellos o levantando los ojos al techo. Míralos directamente a los ojos, y no simplemente de paso. No es necesario recorrer la iglesia entera con la mirada; eso daría la impresión de algo mecánico y forzado. Mira a varios hombres y mujeres en momentos distintos. No caigas en una trampa rutinaria: mirando a la derecha, luego a la izquierda, otra vez a la derecha, etc. Lo importante es que los oyentes tengan la sensación de que les estás proclamando la Palabra de Dios a *ellos*. Mirar a las personas a los ojos es una manera de comunicar eso. Además, eso te recuerda lo que tú estás haciendo, es decir, proclamar la Palabra de Dios al pueblo de Dios—un pueblo que tiene sus problemas, sus dificultades, sus preguntas, sus penas y sus alegrías. Es bastante razonable creer que la Palabra de Dios tendrá algo que decir a cada persona presente. Mirar a las personas a los ojos es una forma de decirles a todos que esta Palabra se dirige a ellos.

k) Varias Otras Cosas. Hay varios otros puntos que se pueden mencionar brevemente. Primeramente, aun antes de que abras la boca, tú vas a comunicar una actitud sobre lo que estás haciendo. Esta actitud surge de un modo visual: ¿Cómo te vistes? (con demasiada elegancia, no bastante, de un modo demasiado casual); ¿Cómo te acercas al atril

Tercer Paso: Practica el/los Texto 43

y cómo te alejas (andar con demasiada prisa da la impresión de "acabemos con esto de una vez"; dejar el atril demasiado despacio podría llevar a los feligreses a preguntarse si te has vuelto demasiado piadoso/a.

Para proclamar las lecturas, usa el Leccionario en vez del pequeño misal de los fieles. El Leccionario es un signo decoroso y apropiado para la acción de proclamar. Usar un pequeño misal delgado es como usar un vaso de cartón en vez de un cáliz.

Si te equivocas, no dejes que esto te despiste. Podrías volver a decir la palabra correctamente, o si fuera necesario para que la gente pudiera comprender, podrías volver al principio de la frase. Lo que tienes que recordar es que no es cosa del otro mundo.

Hay lectores que usan gestos al proclamar la Palabra. En el mejor de los casos, esto distrae a la gente, y en el peor, es algo pomposo y teatral. Mientras los gestos no convienen al hacer las lecturas en la liturgia, pueden ayudarte durante la práctica. Hacen participar el cuerpo y, aunque no hagas ningún gesto detrás del atril, habrá algunas reacciones musculares que se quedarán contigo. El resultado será una lectura más integral. La lectura no es un mero ejercicio vocal, sino una respuesta de toda la persona. Durante la práctica, entrégate a una respuesta libre, pero durante la lectura pública mantén los movimientos externos al mínimo.

Finalmente, escucha a buenos oradores. Presta atención a lo que están haciendo para presentar su mensaje. Presta atención a su registro, su dicción, a los cambios de volumen, al ritmo de las frases y a su entonación. Puedes aprender mucho de locutores como Dan Rather, Tom Brokaw y Leslie Stahl. No es que quieras imitar a otra persona. Dios te ha llamado *a ti* para proclamar su Palabra, no para que pretendas ser Cronkite o alguna otra persona. Sin embargo, puedes hacer tuyas las técnicas que un/a buen/a orador/a utiliza para hacer resaltar las palabras importantes. O bien, puedes añadir cierta modulación a tu propio repertorio o aprender a alargar una palabra para dar más énfasis a un sonido particular. Fue S. Agustín, nada menos, él que señaló que aprendemos con tal de imitar a otros.

Una Ultima Palabra

El ministerio de los lectores es una obra maravillosa. Por medio de ti la Palabra de Dios se sigue proclamando a su pueblo, a los jóvenes y a los ancianos, a los preocupados, a los desesperados, a los alegres, a los que necesitan un reto y a los que necesitan consuelo. Tu responsabilidad se parece a la de un sembrador que echa muchas semillas en tierra. Tal vez, sólo unas cuantas semillas se arraigarán en un tiempo, pero ya es algo.

Como lector/a, se te pide que encuentres un punto medio entre una lectura sin compromiso y una lectura teatral exagerada. Se te pide que no dejes que este ministerio tuyo se convierta en algo rutinario—como echar una ojeada a los textos y, en el mejor de los casos, una mera lectura mecánica. Ser lector/a significa que se te da una oportunidad para tu propio crecimiento personal en Cristo Jesús. Al sumergirte en la Palabra de Dios, no sólo podrás proclamarla tanto mejor a otros, sino que también seguirán creciendo tu propio amor y tu conocimiento del Dios vivo. Pueden darse ocasiones cuando tú añadas tu propia versión de "oro, frankenstein y mirra". Pero en muchas más ocasiones, la voz de nuestro Dios, plenamente revelado en Jesús quien sigue creciendo en ti por su Espíritu, esa voz divina te va a tocar, sanar, empujar y abrazar.

¡Qué el Señor esté en tu corazón y en tus labios para que proclames dignamente su santa Palabra!

NOTAS

1. Barbara W. Tuchman, "The Decline of Quality", *Revista New York Times* (2 de noviembre, 1980) 38.

2. Ibid.

3. Constitución sobre la Sagrada Liturgia, n. 56, en *Vatican Council II: The Conciliar and Post Conciliar Documents*, ed. Austin Flannery, O.P. (Collegeville, Minn.: The Liturgical Press, 1975) 19.

4. Ibid., no. 48 (Flannery, p. 17).

5. Pablo VI, "Ministeria Quaedam", *The Rites of the Catholic Church* (New York: Pueblo Publishing Co., 1976) 729.

6. Constitución sobre la Sagrada Liturgia, n. 7.

7. Charlotte Lee, *Oral Interpretation*, cuarta edición (Boston: Houghton Mifflin Co., 1971) 2.

8. Wallace Bacon, *The Art of Interpretation* (New York: Holt, Rinehart, and Winston, Inc., 1972) 33.

9. Bacon describe la coalescencia como "el juntarse o la unificación de partes; la asimilación de los detalles. Los varios sentidos no existen independientemente sino que se refuerzan y se modifican los unos a los otros . . . Sonidos, gestos y silencios forman parte del significado, partes de esta coalescencia. Cuando un/a lector/a declama un poema sin haber reunido los elementos analizados, su presentación será fragmentada . . ." (*The Art of Interpretation*, 466).

10. Mortimer Adler, *How to Read a Book* (New York: Simon and Schuster, 1966) 51.

11. Constitución sobre la Sagrada Liturgia, n. 51.

12. Joseph Staudacher, *Lector's Guide to Biblical Pronunciation* (Huntington, Ind.: Our Sunday Visitor, Inc., 1979.)

13. Reginald Fuller, *Preaching the New Lectionary* (Collegeville, Minn.: The Liturgical Press, 1974.)

14. John L. McKenzie, "Glory", en *Dictionary of the Bible* (Milwaukee: The Bruce Publishing Co., 1965) 313–315.

15. Varias series de guías de estudios para cada libro de la Biblia se pueden conseguir: cuarenta y cinco libritos para el *Old y New Testament Reading Guides* (Collegeville, Minn.: The Liturgical Press);

Proclamation Commentaries (Philadelphia: Fortress Press); *New Testament Message* (Wilmington, Del.: Michael Glazier, Inc.).

16. Charlotte Lee, *Oral Reading of the Scriptures* (Boston: Houghton Mifflin Co., 1974) 139–140.

17. Aloysius Fitzgerald, F.S.C., "Hebrew Poetry", in *Jerome Biblical Commentary*, ed. Raymond E. Brown, S.S., Joseph A. Fitzmyer, S.J., Roland E. Murphy, O. Carm. (Englewood Cliffs, N.J.: Prentice-Hall Inc., 1968) 242.

BIBLIOGRAFIA ESCOGIDA

Recursos Bíblicos

Craghan, John. *This Is the Word of the Lord*. Liguori, Mo.: Liguori Publications, 1972.

Fuller, Reginald. *Preaching the New Lectionary*. Collegeville, Minn.: The Liturgical Press, 1974.

Jerome Biblical Commentary, ed. Raymond E. Brown, S.S., Joseph A. Fitzmyer, S.J. y Roland E. Murphy, O. Carm. (Englewood Cliffs, N.J.: Prentice-Hall Inc., 1968.

McKenzie, John L. *Dictionary of the Bible*. Milwaukee: The Bruce Publishing Co., 1965.

New Testament Message Commentaries, Ed. Wilfrid Harrington, O.P. y Donald Senior, C.P. Wilmington, Del.; Michael Glazier, Inc., 1979-80.

Old and New Testament Reading guides. Collegeville, Minn.: The Liturgical Press, 1960-78.

Proclamation Commentaries, ed. Gerhard Krodel. Philadelphia: Fortress Press, 1975-80.

Recursos de la Interpretación Oral

Bacon, Wallace. *The Art of Interpretation*. New York: Holt, Rinehart and Winston, Inc., 1972.

Lee, Charlotte. *Oral Interpretation*, cuarta edición (Boston: Houghton Mifflin Co., 1974.

_____. *Oral Reading of the Scriptures*. Boston: Houghton Mifflin Co., 1974.

Roloff, Leland. *The Perception and Evocation of Literature*. Glenview, Ill.: Scott, Foresman and Co., 1973.

Staudacher, Joseph. *Lector's Guide to Biblical Pronunciation*. Huntington, Ind.: Our Sunday Visitor, Inc., 1979.

Judith

LIBRERIA
N. SRA DE LOURDES
2346 W. FULLERTON
CHICAGO, IL 60647
(312) 342-8890